Eva Kamper-Grachegg & Manuela Christl



# Junikas Lieblingsrezepte

Eva Kamper-Grachegg & Manuela Christl

# Junikas Lieblingsrezepte

Voller Genuss für die ganze Familie – salz- und zuckerarm kochen

ueberreuter

# Danke

Unseren wunderbaren Töchtern, die uns jeden Tag mit Freude erfüllen.
Unseren Familien, die uns in unserem Tun bestärken.
Unserem Freund Martin, der unsere Mädchen erneut ins rechte Licht rückt.
Danke für unsere Freundschaft, die nun seit zwölf Jahren besteht.
Und unser besonderer Dank gilt Steffen, der uns nicht nur wieder mit seiner Tatkraft, sondern auch mit viel Geduld zur Seite steht.

1. Auflage 2015

ISBN 978-3-8000-7634-5


Covergestaltung: Saskia Beck, s-stern.com
Coverfoto: © Martin Moravek
Fotos im Innenteil: © Eva Kamper-Grachegg
Satz: grafik design jeannette pobst, Wien
Druck und Bindung: Finidr s.r.o.
www.ueberreuter-sachbuch.at

# Inhalt

# Vorwort von Dr. Martin David

***Arzt für Allgemeinmedizin & Facharzt für Kinderheilkunde***

Es ist schon spannend, wie raffiniert Manuela Christl und Eva Kamper-Grachegg es immer wieder von Neuem schaffen, einen für das Selber-Kochen zu gewinnen. Es ist beiden Müttern, die ja nicht den ganzen Tag hinter dem Herd stehen, sondern selber zur Arbeit gehen, hoch anzurechnen, dass sie aus Freude am Kochen und aus Liebe zu ihren Kindern diese zusätzliche Mühe auf sich nehmen; und wie man sieht, mit großem Erfolg.

Auch in diesem Buch bestechen die abwechslungsreichen, vielseitigen und einfallsreichen Rezepte, welche den kindlichen Bedürfnissen gerecht werden: die Welt noch ganz unverblümt kennenlernen, alles schmecken, wie es uns die Natur geschenkt hat, selber mitmachen, experimentieren, spielen und vieles mehr. Wir wissen nur zu gut, wie hoher Salzkonsum den Blutdruck und wie hoher Zuckerkonsum den Blutzucker in die Höhe treibt. Fast jeder dritte ältere Mensch kämpft mit einem oder mit beiden dieser Probleme.

In einer Zeit, in welcher Wahrnehmungsstörungen der unterschiedlichsten Art bei Kindern rasant zunehmen, in der wir dazu tendieren immer weltentfremdeter zu werden, indem wir uns ausschließlich mit virtuellen Medien auseinandersetzen, und wir keinen Bezug mehr zur Herkunft von Lebensmitteln haben, mutet dieses Buch sogar therapeutisch an. Selber wahrnehmen! Sich auf die Realität der Natur einlassen! Eine gesunde, geschmackvolle Ernährung zu sich nehmen, mit biologischem Hintergrund und ohne übertriebenes Würzen mit Salz und Zucker! Und trotzdem läuft einem bei Durchsicht des Buches schier das Wasser im Munde zusammen. Hierin liegt die Kunst ihres zweiten, wieder hervorragend gelungenen Buches.

Bon appétit! Machen Sie mit! Und machen Sie vielen anderen Kindern damit eine Freude!

***Dr. Martin David***

# Kinder, wie die Zeit vergeht ...

2013 traten zwei wunderbare kleine Wesen namens Juni und Annika in unser Leben. Zart und zerbrechlich, aber voller Lebens- und Lungenkraft. Und wir hatten noch gar nicht so richtig begriffen, dass sie wirklich da sind, da waren diese rasend schnell wachsenden kleinen Menschen auch schon sechs Monate alt geworden. Beikostalter. Und ein Zeitpunkt, an dem wir anfingen, uns Gedanken zu machen. Über die Gegenwart und darüber, wie wir die Zukunft für unsere Töchter mitgestalten möchten, solange wir noch die Chance dazu haben. Allem voran: Wie sollen unsere Kinder Lebensmittel erfahren? Wie sollen sie lernen zu schmecken, zu riechen, zu essen, zu genießen? Was braucht ihr kleiner Körper – und was nicht?

Inspiriert von dem Gedanken, unsere Babys breifrei, selbstbestimmt und kindgerecht – also salz- und zuckerarm – zu ernähren und sie so früh wie angemessen in unseren „Essensalltag“ am Familientisch zu integrieren, haben wir uns in ein riesiges Abenteuer gestürzt. Ein Abenteuer namens blw, kurz für „baby led weaning“. Unsere Erfahrungen haben wir 2014 im Kochbuch „Junika beginnt zu essen“ niedergeschrieben. „Junika“ entstand zufällig aus den Namen unserer beiden Töchter, Juni und Annika.

Wir hatten noch gar nicht richtig begriffen, wie großartig sich unsere Kinder zu Mit-Essern an unseren Tischen entwickelt hatten, da waren sie auch schon eineinhalb Jahre alt. An diesem Punkt beschlossen wir, dieses Buch, das du gerade in Händen hältst, zu schreiben.

Von Anfang an stand für uns das bewusste, gemeinsame, lustvolle Erlebnis Essen im Vordergrund. So ist es auch geblieben. Was noch geblieben ist: der weitestgehende Verzicht auf Salz und raffinierten Zucker. Zugegeben, das klingt zuerst nicht sehr verlockend. Aber es ist nicht nur möglich, sondern auch sinnvoll, alltagstauglich und kulinarisch ansprechend. Nicht nur für unsere Kinder, sondern auch für uns. Gesünder, aber nicht weniger schmackhaft. Das ist und war stets unser Ziel und wir freuen uns, immer mehr Eltern, Verwandte, Bekannte und Freunde für unseren Weg begeistern zu können.

## *Weniger ist manchmal mehr*

So wie unsere Mädchen den Prozess des Essens – beißen, kauen, schlucken – lernen mussten, so mussten auch wir uns an diesen neuen Weg herantasten. Gekocht haben wir schon vorher leidenschaftlich gerne.

Gegessen auch. Die Welt der Kulinarik ist so unendlich facettenreich und wir kosteten sie im wahrsten Sinne des Wortes aus.

Wenig erstaunlich also, dass wir Salz und Zucker anfänglich vermisst haben. Es ist nun mal das Salz in der Suppe, das den letzten Schliff gibt. Dachten wir. Und wir bestreiten nicht, dass da auch ein Fünkchen Wahrheit dran ist. Unsere Erfahrungen zeigen aber auch, dass man den Geschmackssinn trainieren und – nennen wir es einfach mal – austricksen kann. Mit einem Spritzer Zitrone etwa, der einem Gericht eine wunderbare leichte Würze verleihen kann. Oder einer guten Portion Ceylon-Zimt, der Speisen auf überraschende Weise süßt und Zucker manchmal völlig überflüssig machen kann.

Es geht uns nicht darum, Salz und Zucker zu verteufeln. Wir sind keine Dogmatiker. Wir möchten auf einen bewussteren und damit gesünderen Umgang mit Salz und Zucker aufmerksam machen. Denn wir leben in einer überwürzten Welt, in der Salz, Zucker und Glutamate inflationär und teilweise gesundheitsschädlich eingesetzt werden. In Fertigprodukten, in Fastfood. Und leider auch – wie neuere Studien beweisen – sogar vermehrt in Kinderprodukten.

## *Frisch kochen heißt nicht, den ganzen Tag in der Küche stehen!*

Wir kochen viel und essen (fast) täglich frisch. Obwohl wir beide wieder in unsere Berufe zurückgekehrt sind und wir uns selbst manchmal fragen, wie wir unseren Alltag bewältigen. Da geht es uns wie allen anderen Eltern auch. Aber wir sind davon überzeugt, dass Convenience-Produkte weder Geld- noch Zeitersparnis bedeuten. Dass sie besonders gesund sind, möchten wir übrigens auch nicht einfach so glauben.

Es gibt also für uns kaum ein Argument für Fertigprodukte – außer, dass auch wir ab und an einfach Lust darauf haben. Und wir wissen, wie stressig sich der Alltag gestalten kann. Unser bester Freund ist daher der Tiefkühler. Viele frisch gekochte Gerichte lassen sich wunderbar einfrieren und bei Bedarf auftauen. Das beginnt bei kleinen Eiswürfelbehältern, die wir mit Fruchtmus füllen, um den Kindern nachmittags auch mal ein eiskaltes Vergnügen zu bereiten, geht über portionsweise eingefrorene Kekse und Muffins bis hin zu kompletten Familienessen. Es erschien uns anfangs etwas ungewohnt, aber mit der Zeit entwickelten wir eigene Strategien, um unsere Tiefkühler platzschonend und effizient zu befüllen. Eine Wohltat für die Nerven.

## *Ja, ich will. Ja, ich kann. Ja, das wird was.*

Was uns bei der Zusammenstellung der Rezepte in diesem Buch besonders am Herzen lag: Jeder – auch jene unter euch, die nicht ganz so oft am Herd stehen – kann unsere Gerichte nachkochen. Man braucht weder große Vorkenntnisse, noch muss man über einen (lebens)langen Erfahrungsschatz verfügen. Die Zubereitung unserer Gerichte erfordert nur in den wenigsten Fällen allzu großes Geschick. Was man braucht, ist die Bereitschaft, sich auf neue Produkte einzulassen und auch mal ungewohnte Kombinationen zuzulassen. Und wenn einmal etwas nicht so gut gelingt, gilt es, nicht den Mut zu verlieren. Fragen zu stellen – gerne auch an uns* – und neugierig zu bleiben. Das versuchen wir übrigens auch unseren Kindern zu vermitteln.

Mit „Junikas Lieblingsrezepten“ haben wir eine Auswahl an Rezepten getroffen, die von unseren Mädchen geliebt und auch vom Rest der Familie mit Begeisterung aufgenommen wurden.
Salz- und zuckerarm. Bei vollem Genuss.

Wir wünschen euch und euren Kindern mit diesem Buch viel Freude am Entdecken und Genießen und selbst Weiterentwickeln.

***Eva Kamper-Grachegg & Manuela Christl***

* Ihr erreicht uns über unseren Blog junika.at.

# Gemeinsam isst man weniger einsam

Unsere Mädchen haben immer wieder Phasen, in denen sie weniger essen. Als sie noch gestillt wurden, dauerten diese Phasen länger – nun, da die Kinder mit uns am Familientisch essen, haben sie sich verkürzt, treten aber nach wie vor auf.

Und wie alle Eltern machen wir uns Sorgen, wenn unsere Kinder ihr Essen kaum anrühren. Allerdings haben wir im Laufe der Zeit festgestellt, dass auch die überzeugteste Nahrungsaufnahmeverweigerin überraschend gerne zulangt, wenn sie in Gesellschaft anderer Kinder is(s)t. Unsere Mädchen essen gemeinsam mit anderen Kindern lieber und auch mehr. Die Kleinen scheinen einander zu imitieren, voneinander zu lernen und mitunter sogar kleine Wettbewerbe auszutragen. Wer kann mehr essen? Wer schneller? Und hast du etwa mehr auf deinem Teller als ich? Da wird auf den Tellern der anderen Kinder herumgegrapscht und alles daran gesetzt, so viel wie möglich vom fremden auf den eigenen Teller zu transportieren. Und plötzlich sind das zuletzt keines Blickes gewürdigte Stück Zucchini oder die konstant verschmähten Karotten-Sticks die neuen Stars am Buffet.

Diese gemeinsamen Mahlzeiten mit anderen Kindern sind ein guter Trick, um unsere Mädchen auch in Phasen, in denen sie wenig essen, mit Grundlegendem zu versorgen. Dass solche Zusammenkünfte für uns und für die Kinder amüsant sind, sehen wir als schönen Bonuspunkt. Und mit anderen zu teilen, werden sie bestimmt noch lernen.

# Wir starten in den Tag

Wasser

# Kamut-Dinkelbrötchen

## *für 12–15 Brötchen*

**Zubereitungszeit: 15 Min., Wartezeiten: ca. 2 Std., Backzeit: 20 Min.**

300 g Kamutmehl (fein gemahlen)
200 g Dinkelvollkornmehl
ca. 350 ml lauwarmes Wasser
20 g Bio-Germ frisch
1 TL Kokosblütenzucker
1 EL Rapsöl
1–2 TL Brotgewürz gemahlen (Fenchel, Koriander, Kümmel, Anis – optional)
Kürbis- oder Sonnenblumenkerne gehackt (optional)

*Die Brötchen schmecken auch mit Avocado und Käse im Backrohr überbacken!*

Die Germ mit dem Kokosblütenzucker in einer Tasse mit lauwarmem Wasser auflösen. Zugedeckt an einem warmen Ort etwas gehen lassen, bis sich Blasen bilden. Das Mehl mischen und mit den übrigen Zutaten in einer Küchenmaschine ca. 10 Minuten durchkneten lassen oder mit einem Mixer zu einem Teig vermengen. Teig aus der Schüssel nehmen und auf einer bemehlten Arbeitsfläche mit den Händen für ein paar Minuten kneten. Eine Kugel formen, mit Mehl bestäuben und in eine Schüssel legen. Zudecken und an einem warmen Ort für 45 Minuten gehen lassen. Noch einmal auf der bemehlten Arbeitsfläche gut durchkneten und für weitere 30 Minuten zugedeckt gehen lassen.

Den Teig noch einmal kräftig durchkneten und eine Rolle von etwa 8 cm Durchmesser formen. Diese in 12–15 Stücke schneiden und in die gewünschte Brötchenform bringen. Diese auf einem bemehlten Backbleck noch einmal zugedeckt für 30 Minuten gehen lassen. Ein Gefäß mit Wasser in den Backofen stellen und diesen auf 200 °C aufheizen. Die Brötchen mit Wasser besprenkeln und für ca. 20 Minuten backen. Durch Klopfen auf die Unterseite der Brötchen kann man feststellen, ob sie fertig sind – sie müssen hohl klingen. Diese Brötchen sind durchaus aufwendig, aber schmecken wirklich lecker!

# Überbackene French Toasts

## *für 1 mittelgroße Auflaufform*

**Zubereitungszeit: 10 Min., Backzeit: 15 Min.**

1 kleine Packung Toastbrot (entrindet)
½ l Mandelmilch
1 TL Zimt
¼ TL Kardamom, gemahlen
¼ TL Muskatnuss, gemahlen
1 TL Kokosblütenzucker
2 Eier
Butter für die Auflaufform
Kokosblütenzucker zum Karamellisieren (optional)

Die Auflaufform ausfetten. Das Toastbrot in Dreiecke schneiden und in die Form schlichten, alles mit der Milch-Ei-Zucker-Gewürz-Mischung übergießen, sodass nur noch ein paar Spitzen hinausschauen. Bei 180 °C etwa 15 Minuten goldbraun backen.

*Dünn geschnittene Apfelspalten zwischen die Toastscheiben gelegt bringen etwas Abwechslung.*

# Dinkel-Porridge

## *für 2 Erwachsene*

**Zubereitungszeit: 10 Min., Kochzeit: 15 Min.**

3 EL Dinkelflocken
2 TL Kokosöl
⅛ l Wasser
⅛ l Mandelmilch
½ TL Kardamom
1 EL Kokosflocken
1 EL Rosinen
geröstete Mandelblätter (optional)

In einem Topf 1 TL Kokosöl langsam auf kleiner Hitze erwärmen und die Dinkelflocken ca. 5 Minuten leicht rösten. Wasser und Milch mischen, langsam einrühren und Kardamom, Kokosflocken und Rosinen dazugeben. Etwa 15 Minuten auf kleiner Hitze weich kochen, dabei immer wieder umrühren. Am Ende noch 1 TL Kokosöl unterrühren und warm genießen.

*Junika liebt den Porridge mit frischen Früchten und gerösteten Mandelblättern.*

# Warmer Grießbrei mit Apfel

***für 2 Erwachsene***

**Zubereitungszeit: 15 Min.**

50 g Dinkelgrieß
2 TL Kokosöl
200 ml warmes Wasser
¼ TL Kardamom
Rosinen, nach Geschmack
1 Apfel

Den Apfel schälen und in mundgerechte Stücke schneiden. Das Kokosöl in einem Topf erwärmen und die Apfelstücke unter Rühren langsam dünsten. Nebenher in einer Pfanne den Grieß 5 Minuten vorsichtig trocken anrösten und dann etwas abkühlen lassen. Den Grieß zum Apfel geben und mit dem warmen Wasser unter ständigem Rühren vermischen. Aufkochen lassen, zudecken und bei kleiner Hitze einige Minuten quellen lassen. Kardamom und Rosinen hinzufügen und noch 5 Minuten fertig kochen.

# Apfelschalentee

**Zubereitungszeit: 5 Min., Backzeit: ca. 5–6 Stunden**

Apfelschalen

Die Schalen auf ein mit Backpapier ausgelegtes Backblech legen und bei etwa 50 °C im Ofen 5–6 Stunden trocknen lassen. In kleine Teebeutel füllen und mit einem Faden zubinden. Licht- und luftgeschützt hält sich der Tee den ganzen Winter.

*Wir verwenden etwa 3 TL getrocknete Schalen pro Tasse Tee.*

# Kokosbrot mit Chia-Himbeer-Vanille-Marmelade

## *für 1 Kastenform*

**Zubereitungszeit: 15 Min., Backzeit: 15 Min.**

***Für das Brot:***

140 g weiche Butter
1 EL Zitronenschale
2 EL Birkenkristallzucker
2 große Eier
225 g Mehl
1 TL Backpulver
40 g Kokosraspeln, grob
40 g Mandeln, gerieben
125 g Buttermilch

***Für die Marmelade:***

200 g Himbeeren
1 EL Chia-Samen
Mark einer ½ Vanilleschote

*Das Kokosbrot ist mit Chia-Marmelade und frisch gerösteten Kokosraspeln ein Hit!*

Für die Marmelade die drei Zutaten mit dem Pürierstab vermengen. In ein Glas füllen, kalt stellen. Je länger man mixt, desto fester wird die Marmelade.

Den Ofen auf 160 °C Ober-Unterhitze vorheizen. Dann die Butter, die Zitronenschale und den Birkenzucker verrühren. Die Eier zugeben und mixen. Das Mehl mit dem Backpulver versieben und nach und nach zur Mischung geben. Zum Schluss die Kokosraspeln, die Mandeln und die Buttermilch dazugeben. Alles in eine ausgefettete Kastenform geben und etwa 1 ½ Stunden goldbraun backen.

WITH

DANCING WITH THE SURF

*Die Karotten lassen sich hervorragend am Tag davor vorbereiten und sogar einfrieren – so hat man immer spontan die richtige Menge bei der Hand und kann morgens Zeit sparen.*

# Karotten-Kichererbsen-Pancakes mit Hüttenkäse & Schinken

*für etwa 12 Pancakes*

**Zubereitungszeit: 35 Min.**

**Für die Pancakes:**

6 EL Olivenöl
junger Lauch/Frühlingszwiebel
250 g Karotten (frisch oder TK)
1 Ei
170 g Kichererbsenmehl
¼ TL Backpulver
120 ml Wasser
Salz, Pfeffer

**Für das Topping:**

Hüttenkäse
Schinkenwürfel
etwas Dille

Den Lauch in einer Pfanne langsam glasig schwitzen, die Karotten in Würfel schneiden. Die Lauch-Pfanne mit Wasser bedecken und die Karotten darin bei geschlossenem Deckel und kleiner Flamme gar dünsten – das dauert etwa 10 Minuten. Grob zerdrücken und mit einer Prise Salz und Pfeffer nach Geschmack würzen. Beiseitestellen.

Das Ei mit dem Kichererbsenmehl, dem Backpulver, 1 EL Öl und dem Wasser vermengen und etwa 5 Minuten quellen lassen. Grob die Karotten unterrühren. Eine Pfanne erhitzen, Öl zugeben und kleine Pancakes rausbacken. Im Ofen warm stellen, bis alle fertig sind, bei den letzten Pancakes die Schinkenwürfel extra mitbraten. Mit Hüttenkäse und Schinkenwürfeln sowie etwas Dill servieren.

# Kräuter-Zupfbrot

***für 1 Kastenform***

**Zubereitungszeit: 25 Min., Wartezeiten: ca. 120 Min., Backzeit: ca. 50 Min.**

500 g Dinkelmehl
20 g frische Germ (oder ¾ Packerl getrocknet)
2 TL Kokosblütenzucker
200 ml lauwarme Mandelmilch
3 Eidotter
200 g weiche Butter
1 Handvoll Petersilienblätter
Oregano, nach Geschmack (wir nehmen etwa 2 TL)
Thymian, nach Geschmack (wir nehmen etwa 5 TL)
Majoran, nach Geschmack (wir nehmen etwa 2 TL)
Knoblauchzehen, nach Geschmack (wir nehmen mindestens 2)
1 Prise Salz

Mehl in eine große Schüssel schütten und in der Mitte eine Mulde bilden – die Germ zerbröseln, mit dem Zucker und 5 EL lauwarmer Milch mischen und in die Mulde schütten. Mit Mehl bestäuben und warm stellen, bis die Mehlfläche leichte Risse bekommt (dann treibt die Germ). Anschließend gleich die restliche Milch, Eidotter und 100 g der weichen Butter zugeben und mit dem Knethaken in der Küchenmaschine oder den Händen kneten. Sobald sich ein glatter Teig gebildet hat, die Schüssel wieder zudecken und den Teig an einem warmen Ort gehen lassen, bis sich das Volumen etwa verdoppelt hat (das dauert ca. 1 Stunde). Inzwischen die Kräuter fein hacken und mit der restlichen Butter und einer Prise Salz zu einer Kräuterbutter vermengen. Den Teig nochmals kräftig durchkneten und zu einer oder mehreren langen Rollen formen. Die Rollen flach drücken und die Kräuterbutter darauf verteilen. Eine Kastenform ausfetten und den Teig wie eine Ziehharmonika locker auf etwa die Hälfte der Kastenbreite zusammenfalten. In die Kastenform legen und so lange verfahren, bis die Kastenform vollgefüllt ist. Zugedeckt nochmals eine halbe Stunde gehen lassen.
Ofen auf 180 °C Ober-Unterhitze vorheizen und das Brot ca. 50 Minuten goldbraun backen. Ein wenig auskühlen lassen, bevor es aus der Form genommen wird.

*Junika zupft kleine Brotstücke an den „Sollbruchstellen“ ab und dippt dazu gerne in Joghurt.*

# Haselnusscreme

*Die Creme eignet sich auch zum Füllen von Gebäck wie bspw. unsere leckeren Haselnusscreme-Schnecken von Seite 82.*

**Zubereitungszeit: 10 Min., Backzeit: 15 Min.**

250 g Haselnüsse mit Schale
1 EL Birkenstaubzucker (optional)
30 g Kakaopulver
1 EL Kokosöl
60 ml Mandelmilch
Mark einer ½ Vanilleschote

Backrohr auf 160 °C vorheizen. Haselnüsse auf einem Backblech mit Backpapier verteilen und im Backrohr ca. 15 Minuten rösten. Aufpassen, dass sie nicht anbrennen!
Um die Schalen zu entfernen, die Nüsse in einem Küchentuch kräftig rubbeln. Die meisten Schalen gehen dadurch ab, wenn ein wenig hängen bleibt, ist das auch kein Problem.
Die Nüsse nun in eine Küchenmaschine geben und zu Pulver verarbeiten. Das Kokosöl zugeben und so lange weiter hacken, bis die Masse cremig wird. Das kann durchaus eine ganze Weile dauern. Wenn die Küchenmaschine dabei zu heiß wird, einfach kleine Pausen einlegen. Wenn die Konsistenz der Masse schön cremig ist, kommen die restlichen Zutaten dazu und werden untergerührt.
Im Kühlschrank hält sich die Creme 1–2 Wochen.

# Erdnussbutter

**Zubereitungszeit: 5 Min., Backzeit: 10 Min.**

*Die Erdnussbutter eignet sich auch als Würze für Saucen und Dips.*

250 g ungesalzene Erdnüsse
1–2 EL Kokosöl (optional Rapsöl)
1 Prise Salz
Gewürze wie bspw. Zimt (optional)

Die Erdnüsse auf ein Backblech legen und bei 150–160 °C im Rohr rösten. Überkühlen lassen und in der Küchenmaschine zu einer Creme mahlen, zuletzt die Prise Salz hinzufügen. Das dauert etwas, also Geduld. Optional Kokosöl und Gewürze zugeben.

summer

# Guten Morgen-Muffins

***für 12 Stück***

**Zubereitungszeit: 15 Min., Backzeit: ca. 20 Min.**

430 g Dinkelkuchenmehl
100 g weiche Butter
1 Ei
250 ml Buttermilch
3 TL Weinsteinbackpulver
40 g Kokosblütenzucker
Saft einer Limette
2 TL Lavendelblüten getrocknet

Backrohr auf 180 °C vorheizen. Butter weich werden lassen. Lavendelblüten ganz fein hacken. Mehl mit Backpulver, Kokosblütenzucker und Lavendelblüten gut durchmischen. In einer anderen Schüssel das Ei mit Mixer oder Küchenmaschine schaumig schlagen, Buttermilch, Butter und Limettensaft zugeben. Die Muffinformen mit Butter ausfetten. Damit der Teig schön flaumig bleibt, die Buttermilchmischung schnell unter die Mehlmischung rühren. In die Muffinformen füllen und für ca. 20–25 Minuten goldbraun backen.

*Die Muffins überraschen nicht nur morgens*
*durch ihren besonderen Geschmack,*
*sondern sind auch bei Gästen sehr beliebt!*

# In fünf Schritten zum salz- und zuckerarmen Genuss

Aromen sind das Salz in unserer Suppe. Nämlich tatsächlich und ursächlich. Aromen können verblüffen, die gewohnte Sichtweise erneuern und vor allem Spaß machen. Wir kochen oft, aber meistens haben auch wir kaum Zeit. Also greifen wir zu bewährten Rezepten und probieren neue Geschmackskombinationen aus. Manchmal geht es schief. Aber manchmal bekommt die gewohnte Lieblingsspeise einen völlig neuen Twist. Wir lieben das. Es ist immer ein kleines Abenteuer und bleibt spannend. Durch Junika sind wir mutiger geworden. Und auch ein bisschen raffinierter, finden zumindest wir. Aus diesen Erfahrungen haben wir Erkenntnisse gewonnen, die wir nun gerne mit euch teilen.

## 1 *Sei neugierig und kombiniere auch nicht so Offensichtliches*

Du erinnerst dich an deine letzte Urlaubsreise ans Meer und fragst dich, ob die leuchtend roten Erdbeeren mit der gelben Mango und den Frühlingszwiebeln nicht auch zu Fisch passen? Würzen und kombinieren ist eine Gefühlssache. Je öfter wir unserer Intuition gefolgt sind, desto öfter ist es uns gelungen und hat uns zum nächsten Schritt geführt. Könnte man nicht auch …? Ja, man kann. Und man soll! Nur so entdeckt man, dass Rote Rüben mit Orange und Fenchel einfach eine köstliche Mischung ist – ein leckeres Rezept dazu befindet sich übrigens auf Seite 64.

## 2 *Benutze „Geschmacksverstärker“*

Wichtig für ein ausgewogenes Gericht sind die fünf Geschmacksrichtungen, die wir wahrnehmen können: salzig, süß, sauer, bitter und umami. Umami bedeutet übersetzt „fleischig, herzhaft, vollmundig“ und wird hervorgerufen durch eine Aminosäure, die sogenannte Glutaminsäure.
Genau! So wie in den zugesetzten Glutamaten aus den Fertigprodukten. Es gibt aber auch eine ganze

Reihe natürlicher Glutamate, also Geschmacksverstärker. Besonders reichlich sind Glutamate beispielsweise in vollreifen Tomaten, Fleisch, Shiitake, Käse (insbesondere Parmesan), aber auch in der menschlichen Muttermilch vorhanden.

## 3 *Binde so oft es geht saisonale und regionale Kräuter, Gewürze und Produkte ein*

Sie sind am intensivsten und geben Gerichten den letzten Schliff. Viele eignen sich auch dafür, in kleinen Töpfen zumindest eine ganze Weile zu gedeihen. Manche bevorzugen wir aber auch getrocknet, weil sie dann intensiver werden. Bei Rosmarin ist das zum Beispiel der Fall. In den Gewürzabteilungen der großen Kaufhäuser gibt es auch so manches Neue zu entdecken. Manchmal kaufen wir Gewürze ein, die wir gar nicht kennen, und experimentieren damit zu Hause. Reiben das Gewürz zwischen den Fingern und riechen daran. Was kommt uns als Erstes in den Sinn? Wozu könnte das gut passen? So sind wir unlängst auch auf Birnenmehl gestoßen. Noch nie gehört? Wir bis dahin auch nicht. Ein leckeres Rezept dazu befindet sich auf Seite 44.

## 4 *Lass deine Familie daran teilhaben!*

So oft es geht, lassen wir Junika mitmachen. Unsere Mädchen riechen, reiben, kosten. Sie entdecken, schmecken und helfen. Ja, das kostet Zeit. Aber es ist ein wunderbares gemeinsames Erlebnis und wir sind fest davon überzeugt, dass sie sich auch später an dieses Gemisch von Geschmäcken, Gerüchen und Dampf erinnern werden. Vielleicht nicht mit fünfzehn. Aber hoffentlich wieder mit fünfundzwanzig. So ist es uns zumindest ergangen und das möchten wir auch weitergeben.

## 5 *Wenn du keinen Kopf dafür hast, lass es bleiben*

Es gibt Tage, die nerven einfach. An solchen Tagen kaufen wir Fertig-Ravioli und lassen die schlechte Laune schlecht gelaunt sein. Nicht immer ist der passende Zeitpunkt für ein Abenteuer oder eine fünfstündige Kochsession. Und das muss auch nicht sein, denn sonst verliert man die Lust daran. Lustvolles, gemeinsames Kochen ist wunderschön und wir bewahren dies wie einen kleinen Schatz.

# Aber gestern mochte sie Brokkoli noch!

Alle Eltern kennen es, die wenigsten können es sich wirklich erklären: Gerade hat man sich auf die neueste Angewohnheit oder Vorliebe des Nachwuchses eingestellt, da ist plötzlich alles wieder anders. Das Lieblingskuscheltier von gestern ist der Schreikrampfauslöser von heute, und waren Wimmelbücher gerade noch der Renner, werden sie nun keines Blickes mehr gewürdigt.

„Von einer Phase in die nächste" lautet das Motto auch beim Essen. Jedenfalls bei uns. Wir probieren oft neue Gerichte aus, die so gut wie möglich auf die Vorlieben der kleinen und großen Genießer abgestimmt sind, und warten gespannt, ob es denn munden wird. Nur um allzu oft festzustellen, dass der eben noch heiß geliebte Brokkoli bedächtig an den Tellerrand geschoben oder mit verzogener Miene wenig würdevoll ausgespuckt wird.

Unsere Kinder entwickeln sich rasant und mindestens ebenso rasant verändern sich ihr Geschmack und ihre jeweiligen Vorlieben. Eine Blaubeere mag zwei Wochen lang das höchste der Gefühle sein, aber der Tag wird kommen, an dem es nur noch Melone sein darf. Es scheint, als würden unsere Kinder sich einem Lebensmittel, einer Zutat eine Weile lang intensiv widmen, um dann ganz selbstverständlich zur nächsten überzugehen. Warum? Weil es eben einfach Zeit für etwas Neues ist! Wir Erwachsene finden solche sprunghaften Entscheidungen merkwürdig und selbstverständlich macht sich auch bei uns ab und an ein wenig Enttäuschung breit, wenn unsere Mädchen Gerichte, in die wir viel Zeit und Mühe gesteckt haben, ablehnen. Aber auch wir ändern unsere kulinarischen Vorlieben immer wieder, wenn auch in weniger kurzen Abständen – warum sollten unsere Kinder diese Freiheit nicht auch haben?

Wir nehmen solche kleinen kulinarischen Rückschläge mittlerweile mit Humor. Und was das eigene Kind gerade vehement verweigert, wird – auch das zeigt die Erfahrung – vom einen oder anderen Spielkameraden gerne angenommen.

# Mahlzeit!

# Dim Sum

***für etwa 16 Stück***

**Zubereitungszeit: 30 Min., Kochzeit: ca. 15 Min.**

*Die Täschchen sind eine hervorragende Möglichkeit zur Resteverwertung von Gemüse oder Fleisch. Dim Sum heißt übrigens übersetzt „das Herz berühren“.*

**Entweder fertige Wan-Tan-Blätter oder**
75 g Weizenmehl
32 g Kartoffelstärkemehl
1 ¼ TL Pflanzenöl
125 ml kochendes Wasser
1 Prise Salz

**Für die Füllung:**
100 g Garnelen
100 g Faschiertes
1 TL Sesamöl
etwas Ingwer
Sojasauce (salzarm), nach Geschmack
1 Handvoll Erbsen (frisch oder TK)
1 kleine Karotte, fein in Würfel geschnitten
Frühlingszwiebel
Pilze (optional)

Die beiden Mehlsorten mischen und das Öl sowie Salz dazugeben. Während des Rührens das kochend heiße Wasser zugeben. Alles zu einem glatten Teig kneten und 10 Minuten mit einem nassen Tuch (wichtig, sonst würde er austrocknen) zugedeckt ruhen lassen.
Inzwischen die Füllung vorbereiten:
Alle Zutaten klein schneiden und miteinander vermengen oder in der Küchenmaschine häckseln, das geht schneller. Den Teig zu einer Rolle formen und in 16 Stücke schneiden. Jedes Stück auf einer bemehlten Fläche hauchdünn ausrollen. In der Mitte etwas Füllung drauf und den Kreis zu einem Säckchen oben zusammendrücken. Es darf ruhig die Füllung oben rausschauen. Etwa 10–15 Minuten im Dämpfer garen.

BRUKA DESIGN

# Veganer Curryeintopf mit Karfiolreis

***für 4 Erwachsene***

*In dem Eintopf machen sich auch diverse Bohnen sehr gut!*

**Zubereitungszeit: 15 Min., Kochzeit: 40 Min.**

3 große Kartoffeln
Öl zum Braten
1 rote Zwiebel
2 Knoblauchzehen
ein kleines Stück frischer Ingwer (optional)
etwas Chili (optional)
½ Bund Petersilie
1 EL milde (rote) Currypaste
1 Glas/Dose Kichererbsen
1 Karfiol
½ Zitrone
1 Prise Salz und Pfeffer
Mandelblättchen zum Drüberstreuen

Am besten lässt sich dieses Gericht in einem großen Schmortopf oder Bräter zubereiten. Die Kartoffeln schälen und in mittelgroße Würfel schneiden. In etwas Öl bei mittlerer Hitze anbraten. Zwiebel und Knoblauch fein hacken und den Ingwer reiben – sobald die Kartoffeln etwas Farbe haben, Zwiebel, Knoblauch, Ingwer und Chili zugeben. Alles kurz rösten. Den Karfiol waschen, trocken tupfen, vom Strunk befreien und die Röschen beiseitelegen. Strunk in Scheiben schneiden und in den Schmortopf zugeben. Dann die Currypaste dazugeben. Auf kleiner Flamme alles ein paar Minuten durchrösten (nicht zu dunkel werden lassen, lieber den Herd etwas herunterdrehen). Alles mit den Kichererbsen (mit Flüssigkeit) und etwa einem halben Liter Wasser aufgießen, mit etwas Salz, Pfeffer und einem Spritzer Zitrone bei geschlossenem Deckel etwa 40 Minuten schmoren lassen. Inzwischen die Karfiolröschen in der Küchenmaschine fein zerkleinern (kurze Impulse) und mit ein wenig Wasser in einem kleinen Topf etwa 5 Minuten gar dünsten.

Das Curry mit dem Karfiolreis, der frischen Petersilie, den Mandelblättchen und ein paar Spritzern frischem Zitronensaft servieren.

# Birnenknöderln

***für etwa 8 kleine Stück***

**Zubereitungszeit: 10 Min., Wartezeiten: 30 Min., Kochzeit: ca. 5 Min.**

20 g zerlassene Butter
1 Ei
1 Scheibe entrindetes Toastbrot, würfelig geschnitten
150 g Magertopfen
20 g Brösel
30 g Birnenmehl
Birnenmehl und etwas Butter zum Rösten und Wälzen

Alle Zutaten vermengen und mindestens 30 Minuten im Kühlschrank ziehen lassen. Mit nassen Händen 8 kleine Knödel formen und so lange im siedenden Wasser ziehen lassen, bis sie aufschwimmen. In einer Pfanne etwas Butter zerlassen und Birnenmehl mit Bröseln bräunen. Die fertigen Knödel darin wälzen und servieren.

*Wer kein Birnenmehl findet,*
*kann auch Semmelbrösel verwenden*
*und ein Birnenmus dazu servieren.*

*Wenn der Couscous gequollen ist, lassen wir Junika gerne daran riechen – ein aromatisches Feuerwerk entfacht sich hier. Mmh!*

# Melanzanipfanne mit Couscous und Joghurtdip

***für 4 Erwachsene***

**Zubereitungszeit: 15 Min., Kochzeit: ca. 10 Min.**

250 g Couscous
800 g Melanzani
10 EL Olivenöl
½ Bund Petersilie
Koriander, nach Geschmack
50 g getrocknete Tomaten in Öl
5 EL Tomatenmark
½ l Gemüsesuppe
3–4 EL Rosinen
½ TL Zimt
½ TL gemahlener Koriander
½ TL gemahlene Fenchelsamen
½ TL Piment (Neugewürz)
ein paar Spritzer frischer Zitronensaft zum Beträufeln
250 g Joghurt
2 Knoblauchzehen
Pfeffer
1 Prise Salz (optional)

Couscous in einer Schüssel mit den gemahlenen Gewürzen mischen, mit 1,5-facher Menge an heißem Wasser übergießen und quellen lassen.

Derweil die Melanzani waschen, trocknen und in kleine Stücke schneiden. Olivenöl vorsichtig in einer Pfanne erhitzen, Melanzani zugeben und ca. 10 Minuten langsam anbraten, immer wieder wenden. Petersilie waschen, trocken schütteln und die abgezupften Blätter fein hacken. Tomaten abtropfen lassen und in Streifen schneiden.

Wenn die Melanzani schön gebräunt sind, pfeffern und optional mit einer Prise Salz würzen. Tomatenmark, Tomatenstreifen, Gemüsesuppe, Rosinen, Petersilie, Koriander, Zimt, Fenchelsamen und Piment beigeben, aufkochen und 5 Minuten offen kochen lassen.

Joghurt mit gepresstem Knoblauch vermengen. Couscous und Melanzanipfanne anrichten, mit etwas Zitronensaft beträufeln und zusammen mit dem Joghurtdip servieren.

# Süßkartoffel-Chili

## *für 4 Erwachsene*

**Zubereitungszeit: 15 Min., Kochzeit: ca. 30 Min.**

1 große Süßkartoffel, geschält und in 2 cm große Würfel geschnitten
1 Becher Quinoa
½ l Tomatenpassata
1 EL Tomatenmark
5 getrocknete Tomaten, fein geschnitten
1 Msp. Chili oder Harissa
1 Knoblauchzehe, klein gehackt
2 Frühlingszwiebeln
½ EL Öl zum Braten
1 Dose Kidneybohnen
1 Dose Mais
½ TL Kumin, 1–2 TL Oregano oder Thymian, getrocknet
500 ml Gemüsebrühe oder Wasser
frische Kräuter (bspw. Petersilie)
Avocado, Joghurt und etwas Limettensaft, 1 Prise Salz und Pfeffer (optional als Topping)

*Die Süßkartoffeln können auch durch normale Kartoffeln ersetzt werden.*

Die Frühlingszwiebeln klein schneiden und in einem großen Bräter glasig schwitzen. Den Knoblauch dazugeben und eine Minute mitrösten. Das Tomatenmark, das Chili oder Harissa und die getrockneten Tomaten beigeben und alles eine weitere Minute schmoren lassen. Dann die Tomatenpassata, die Bohnen, den Mais und die Süßkartoffel-Würfel dazugeben. Die getrockneten Gewürze und den Quinoa zugeben und alles mit der Brühe oder dem Wasser aufgießen, aufkochen und mit geschlossenem Deckel etwa 30 Minuten lang köcheln lassen. Das Chili ist fertig, wenn die Süßkartoffelstücke gar sind. Wenn das Chili zu sehr eindickt, einfach mit Wasser oder Brühe zur gewünschten Konsistenz aufgießen. Für das optionale Topping Avocadofleisch zerdrücken, mit etwas Limettensaft beträufeln, mit dem Joghurt sowie Salz und Pfeffer verrühren und zum Chili servieren. Mit frischen Kräutern garnieren.

# Knusprige Chicken Nuggets

*für 2 Erwachsene*

**Für die Nuggets (Zubereitungszeit: 10 Min., Backzeit: 20 Min.):**

1 Bio-Hendlbrust
1 Handvoll Mehl
1 kleine Tasse Buttermilch
1 Handvoll Panko-Paniermehl
(aus dem Asialaden)

Die Hühnerbrust waschen, trocken tupfen und in handliche Stücke schneiden. Das Rohr auf 190 °C Ober-Unterhitze vorheizen. Drei tiefe Teller jeweils mit Mehl, Buttermilch und Panko-Paniermehl vorbereiten. Die Hendlstücke in dieser Reihenfolge panieren, dabei das Panko-Paniermehl etwas mit den Fingern festdrücken. Die Stücke auf ein mit Backpapier ausgekleidetes Backblech legen und mit ein paar Spritzern Öl beträufeln.
Etwa 20 Minuten knusprig backen.

# mit Tomatenketchup

## *für 2 kleine Flaschen*

**Für das Tomatenketchup (Zubereitungszeit: 10 Min., Kochzeit: ca. 60 Min.):**

1 Stück Ingwer (1–2 cm)
15 schwarze Pfefferkörner
2 Lorbeerblätter
2–4 Nelken
500 g Tomatenpassata (oder Dosentomaten)
1 kleine Stange Staudensellerie
2 große Knoblauchzehen
1 kleine Schalotte
2 getrocknete Steinpilzscheibchen
(wir heben diese im Herbst immer auf)
¼ Chilischote (wer es schärfer mag, gerne ½)
1 EL Kokosblütenzucker
100 ml Weißweinessig
1 Prise Meersalz
Teefilter aus Papier

Für das Ketchup den Ingwer schälen und in Scheiben schneiden, gemeinsam mit Pfeffer, Lorbeerblättern und Nelken in den Teefilter geben und zubinden. Tomatenpassata (oder Dosentomaten, dann zuerst Stiele entfernen) in einen Topf, Sellerie in grobe Stücke und Chilischote, in feine Ringe geschnitten, dazugeben, Knoblauch und Schalotte schälen und fein hacken, ebenfalls zugeben. Restliche Zutaten beimengen und Gewürzsäckchen hineinhängen.

Den Inhalt aufkochen lassen, dann bei geringer bis mittlerer Hitze ca. 20–30 Minuten langsam einkochen lassen. Immer wieder umrühren. Die Selleriestücke und das Gewürzsäckchen entfernen und die Tomatensauce pürieren. Je nach Konsistenz eventuell noch etwas einkochen lassen, bis die Masse schön sämig ist.

Das heiße Ketchup in ausgekochte Flaschen (Schraub- oder Hebelverschluss) füllen, gut verschließen und abkühlen lassen. Das Ketchup hält sich im Kühlschrank etwa 4–6 Wochen und wird von Klein und Groß geliebt.

*Besonders das Eintauchen der Nuggets in das Ketchup gefällt Junika sehr.*

# Kohlrabicremesuppe mit Zuckerschoten-Pesto

***für 4 große Teller***

**Zubereitungszeit: 10 Min., Kochzeit: 35 Min.**

**Für die Suppe:**
1 rote Zwiebel
1 Frühlingszwiebel
ca. 500 g Kohlrabi
1 EL Butter
1 Prise Salz
1 Prise Kokosblütenzucker
¼ l Mandelmilch
½ l Gemüsebrühe oder Wasser
100 ml Schlagobers

**Für das Pesto:**
100 g Zuckerschoten
1 Prise Salz und Pfeffer
5 El Olivenöl
Zitronenspritzer
Sesam, geröstet zum Drüberstreuen
Olivenöl zum Anrösten
frische Kresse zum Drüberstreuen
Basilikumöl zum Beträufeln (optional Olivenöl)

Die rote Zwiebel und die Frühlingszwiebel fein schneiden. Den Kohlrabi schälen und grob würfeln. Butter in einem Topf zerlassen, Zwiebeln darin glasig dünsten. Kohlrabi zugeben und ein paar Minuten mitdünsten. Mit der Gemüsebrühe ablöschen und etwas einkochen lassen. Milch zugeben und zugedeckt eine halbe Stunde leicht köcheln lassen. Zum Schluss Schlagobers zugeben und kurz aufkochen lassen. Die Zuckerschoten inzwischen in kochendem Salzwasser ca. 2 Minuten garen, abgießen, mit eiskaltem Wasser abschrecken. Zuckerschoten längs in feine Streifen schneiden. Ein paar Streifen zur Seite legen und die restlichen Zuckerschoten mit dem Öl fein pürieren, mit der Zitrone würzen und mit etwas Salz und Pfeffer abschmecken. Den Sesam ohne Öl in einer Pfanne etwas rösten und beiseitestellen. Nun die Suppe fein pürieren und nach Geschmack mit einer Prise Salz und einer Prise Kokosblütenzucker würzen. Die Suppe mit einem Klecks Pesto, einem Schuss Basilikumöl, Sesam, der frischen Kresse und den restlichen Zuckerschotenstreifen servieren.

*Es gibt bei uns oft Suppe, weil Junika so begeistert*
*löffelt und dabei auch ordentliche Portionen verdrückt.*

# Softe Frühlingsrollen

## *für 8 Rollen*

**Zubereitungszeit: 15 Min., Kochzeit: ca. 5 Min.**

1 Hühnerbrust, in Streifen geschnitten
1 TL Öl zum Braten
1 Handvoll Reisnudeln
1 Karotte, in feine Streifen geschnitten
1 Gurke, in feine Streifen geschnitten
½ Avocado, in feine Streifen geschnitten
1 Frühlingszwiebel, in feine Streifen geschnitten
1 Pkg. Reispapier
frische Kräuter, nach Geschmack
1 Handvoll Gartensalat (optional)

**Für den Dip:**
1 EL Erdnussbutter (siehe Seite 31)
Saft einer frisch gepressten Orange
etwas salzreduzierte Sojasauce

Wasser aufkochen und die Reisnudeln mit dem kochenden Wasser übergießen, einige Minuten ziehen lassen. Wenn sie weich sind, abseihen und kalt abschrecken. Beiseitestellen. Das Gemüse fein schneiden. Ebenso beiseitestellen. Das Hühnchen scharf in einer Pfanne anbraten.
Ein Stück Reispapier auf eine Arbeitsfläche legen und mit Wasser benetzen, bis es durchweicht ist (man kann es auch direkt in kaltes Wasser legen, allerdings kann das etwas glitschig werden). An einem Rand etwas von den Nudeln auflegen, einen Streifen Hühnchen drauflegen, das Reispapier von oben einmal einschlagen. Dann das Gemüse und die frischen Kräuter dazulegen, die Seiten einklappen und aufrollen. Mit den restlichen Reisblättern wiederholen.
Für den Dip die Zutaten einfach gut miteinander verrühren.

*Softe Frühlingsrollen sind auch mit Garnelen ein Hit!*

# Steirische Kartoffelsuppe mit Schwarzbrot-Sticks

***für 4 Portionen***

**Zubereitungszeit: 15 Min., Kochzeit: ca. 30 Min.**

250 g Kartoffeln
1 l Rindsuppe
2 getrocknete Lorbeerblätter
125 g Sauerrahm
2 EL Crème fraîche
1 TL Mehl
½ TL Kümmel (ganz)
1 Schuss Apfelessig
1 Prise Salz, Pfeffer (aus der Mühle)
Muskatnuss (gerieben)

*Junika liebt diese Suppe auch mit gebackenem Kartoffel. Meist bleibt ein halber Kartoffel übrig, diesen schneiden wir tief und nah beieinander ein, bepinseln ihn mit Öl und backen ihn etwa 30 Minuten bei 200 °C goldbraun. Somit wird aus der Suppe eine vollwertige Hauptmahlzeit.*

1 Scheibe Sauerteigbrot pro Person, in Stifte geschnitten
Öl zum Braten
wenige Kernöltropfen (optional)

Kartoffeln würfelig schneiden und mit den Lorbeerblättern in der Suppe weich kochen. Crème fraîche und Sauerrahm mit Mehl sowie etwas kochender Suppe glatt rühren und mit dem Schneebesen langsam in die Suppe einrühren. Etwas weiterköcheln lassen und mit dem Pürierstab aufmixen. Mit Kümmel, Muskatnuss, Essig, Salz und Pfeffer abschmecken. Inzwischen etwas Öl in einer Pfanne erhitzen und die Brotsticks knusprig braten. Suppe mit den Brotsticks und ein paar Tropfen Kernöl servieren.

CARGO

# Bohnen-Mais-Burger aus dem Ofen

***für 8 Stück***

Wir kochen Quinoa oft auf Vorrat und bewahren ihn bis zu 4 Tage zugedeckt im Kühlschrank auf. So lassen sich viele gesunde Gerichte (Porridge, Chili, Curry etc.) schnell zubereiten.

**Zubereitungszeit: 30 Min., Backzeit: 30 Min.**

120 g Quinoa, gekocht
240 g weiße Bohnen (Dose oder Glas)
100 g Mais (Dose oder TK)
2 Frühlingszwiebeln, fein geschnitten
je ¼ TL Paprikapulver, Thymian, Rosmarin, nach Geschmack
Salz und Pfeffer, nach Geschmack
15 ml Zitrone
40 g Vollkornmehl
1 Ei (oder vegan: 3 EL Wasser + 1 EL Chia-Samen als Ei-Ersatz)
Kokosöl
fertige Burgerbrötchen (optional: Roggenweckerln o. Ä.)
Salatblätter
Tomatenscheiben
Ketchup (siehe Seite 51)
Avocadoscheiben (optional)

---

Den Ofen auf 190 °C vorheizen. Quinoa für 10 Minuten einweichen, abspülen und 20 Minuten in Wasser gar kochen. Alle Zutaten in einer Schüssel mit einer Gabel zerdrücken, vermengen und mit nassen Händen acht gleich große Laibchen formen. Im Ofen etwa 30 Minuten backen – nach 15 Minuten wenden.
Die Brötchen in zwei Hälften teilen und kurz im Toaster oder einer Pfanne rösten, dazwischen ein Laibchen, ein Salatblatt, eine Tomatenscheibe und Ketchup schichten.

# Cremige Dinkelpfanne mit Avocado und Heidelbeeren

***für 2 Portionen***

**Zubereitungszeit: 30 Min.**

120 g Dinkel (schnellkochend – wenn kein schnellkochender zur Hand, Kochzeit gemäß Packungsanweisung verlängern)
¼ l Gemüsebrühe
1 Frühlingszwiebel
½ Avocado
1 Handvoll Heidelbeeren, frisch oder TK
1 EL Crème fraîche oder Frischkäse
1 Handvoll Cocktailtomaten
frische Petersilie
etwas Feta, salzarm (optional)

Dinkel in doppelter Menge Wasser etwa 20 Minuten gar kochen. Inzwischen die Frühlingszwiebel fein hacken und die Avocado würfeln. Die Frühlingszwiebel in einer Pfanne glasig schwitzen, den gegarten Dinkel dazugeben und mit der Brühe aufgießen, etwas einreduzieren lassen. Die halbierten Cocktailtomaten kurz mitdünsten, danach die Crème fraîche unterrühren. Den Herd abdrehen. Zum Schluss die Avocado und die Heidelbeeren vorsichtig unterheben. Mit frischer Petersilie und Feta garniert servieren.

*Für dieses Gericht eignet sich auch Rundkornreis.*

# Nudeln mit rotem Pesto

## *für 2 Erwachsene und 1 Glas à 125 ml*

**Zubereitungszeit: 25 Min., Wartezeiten: 30 Min.**

*Wenn es mal schnell gehen muss, greifen wir gerne zu fertigen Dinkel-Vollkornnudeln, die gut mit dem Pesto harmonieren.*

**Für die Nudeln:**
1 Ei
100 g Mehl
1 TL Öl

**Für das Pesto:**
1 Handvoll eingelegte Tomaten
1 EL Tomatenmark
½ Bund Basilikum
1 Knoblauchzehe
125 g Pinienkerne, geröstet
1 EL Zitronensaft
10 EL Raps- oder Olivenöl
1 Prise Salz

Für die Nudeln das Mehl in die Rührschüssel der Küchenmaschine geben und eine Mulde bilden. In diese kommt das ganze Ei. Nun mit dem Knethaken gut kneten. Natürlich funktioniert das auch mit den Händen. Nach und nach das Öl zugeben und so lange kneten, bis ein samtiger Teig entstanden ist. In eine Frischhaltefolie wickeln und im Kühlschrank wenigstens 30 Minuten ruhen lassen.
Danach den Teig in 4 Teile teilen und mit dem Nudelholz (oder der Küchenmaschine, wenn Nudelaufsatz vorhanden) in die gewünschte Stärke ausrollen und in Tagliatelle-Form schneiden.
Während die Nudeln in heißem Wasser 3–5 Minuten bissfest kochen, alle Zutaten für das Pesto in einer Küchenmaschine zu einer groben Paste verarbeiten. Zuletzt noch Zitronensaft zufügen. Die Paste mit Öl vermischen und die Nudeln mit dem Pesto servieren.
Das Pesto hält sich gut verschlossen ca. 1 Woche im Kühlschrank und eignet sich auch als Gewürz, Brotaufstrich o. Ä.

# Rote Rüben-Quinoasalat mit Orangen, Fenchel und Fischfilet

***für 4 Erwachsene***

**Zubereitungszeit: 40 Min.**

1 gekochte Rote Rübe (bspw. aus dem Kühlregal)
1 Frühlingszwiebel
½ Tasse Quinoa
1 Bio-Orange
Zesten der Bio-Orange
½ TL Reissirup
etwa 2 EL Olivenöl
etwa 1–2 TL Balsamico-Essig
etwas Limettensaft (optional)
1 Prise Salz und Pfeffer
¼ Fenchel, in feine Scheiben geschnitten
4 Fischfilets, nach Geschmack
etwas Öl zum Braten

Quinoa in Wasser einweichen und etwa 10 Minuten stehen lassen. Inzwischen einen Topf Wasser zum Kochen bringen, abgespülten Quinoa etwa 20 Minuten gar kochen.
Die Rote Rübe in kleine Würfel schneiden. Orange halbieren und die eine Hälfte in feine Filets schneiden. Für das Dressing den Saft der halben Orange, das Olivenöl, die fein geschnittene Frühlingszwiebel, den Reissirup, ein paar Orangenzesten und den Limettensaft (optional) mixen, mit etwas Salz und Pfeffer abschmecken. Mit einem Teil die Rote Rübe marinieren. Den Fenchel und die Orangenfilets ebenso beträufeln.
Den Fisch in einer Pfanne braten. Kurz vor dem Servieren den Quinoa mit der Roten Rübe und dem restlichen Dressing vermengen. Die Fenchel-Orangenmischung darüber streuen. Zum Schluss den Fisch dazu anrichten.

*Wir verwenden gerne fangfrische Süßwasserfische, die sind oft weniger belastet als Meeresfische und außerdem frischer.*

# Ein Gasthaus „wia z'Haus“

Wer Wert darauf legt, seinen Kindern einen bewussten Umgang mit Lebensmitteln nahezubringen und die Zubereitung eines einigermaßen ausgewogenen, gesunden Familienessens in seinen Alltag zu integrieren, verbringt auch mal Zeit in der Küche. Wir tun das gerne und aus voller Überzeugung, aber wir sind eben nicht nur Eltern, sondern auch Genießer, die sich gerne einmal bekochen lassen. Und der beste Ort dafür ist und war für uns schon immer ein gutes Gasthaus. Oder auch mal ein Restaurant.

Was ohne Nachwuchs noch ganz selbstverständlich war, wirft für viele Eltern, die gerne mit Familie auswärts essen gehen möchten, Fragen auf. Wo kann ich mit meinen kleinen Kindern, die wohl weder über bereits perfekte Tischmanieren noch einen ausgeprägten Drang zum Stillsitzen verfügen, überhaupt hingehen? Und inwieweit ist die Küche des gewählten Restaurants dazu bereit oder in der Lage, auf (Sonder-)Wünsche bei der Zubereitung einzugehen?

Wir haben uns anfänglich auch mit diesen neuen Herausforderungen konfrontiert gesehen, aber nach den ersten paar Anläufen rasch festgestellt: Fragen kostet immer noch nichts, bringt aber viel und die meisten Gastronomiebetriebe stehen sowohl den kleinen Gästen als auch speziellen Wünschen bei der Speisenzubereitung sehr positiv gegenüber.

Anfänglich sind wir mit gedünstetem Gemüse, Nudeln, Kartoffeln oder auch einem Hühnerbrüstchen ohne Salz für die Kinder gut über die Runden gekommen. Mittlerweile sind die Kinder größer, ihre Vorlieben etwas komplexer und wir geben ihnen gerne den Raum, auch mal von unseren Tellern zu kosten und eigene kleine Gerichte von der „normalen“ Karte zu entdecken.

Dass Kinder oft ein ziemliches Chaos während des Essens anrichten und sich wenig um gepflegte Tischmanieren scheren, hat uns übrigens kein Gastronom jemals übel genommen. Eher im Gegenteil: Köche, Servicepersonal und auch die meisten Gäste finden es schön, zu sehen, dass Kinder so viel Begeisterung fürs Essen zeigen.

Fazit: Ein entspannter Restaurantbesuch mit Kindern ist keineswegs eine Unmöglichkeit. Und fürchten muss man sich davor schon gar nicht. Vielmehr sind solche kleinen Ausflüge eine schöne Abwechslung für uns und unsere Kleinen, deren Genusshorizont sich so auch außerhalb der eigenen vier Wände wunderbar erweitert.

# Unterwegs jausnen

# Buttermilch-Gemüse-Muffins

***für 12 Stück***

**Zubereitungszeit: 10 Min., Backzeit: ca. 20 Min.**

100 g würziger Käse
100 g Schinken
50 g Mais
1 Handvoll Erbsen
4 Stiele Petersilie
4 Stiele Thymian
250 g Dinkelmehl
3 gehäufte TL Backpulver
1 Ei, 1 Eigelb (Größe M)
250 ml Buttermilch
3 EL Olivenöl
etwas Rapsöl für die Formen

*Das Gemüse in den Muffins lässt sich gut variieren.*

Backrohr auf 180 °C Ober-Unterhitze vorheizen. Käse reiben, Schinken klein schneiden. Kräuter waschen und von den Stielen zupfen. ⅔ von Käse, Schinken und Kräutern mit dem Mais und den Erbsen vermischen. Mehl mit Backpulver mischen und Käse-Schinken-Mischung unterrühren.

In einer Schüssel Buttermilch mit Ei und Eigelb aufschlagen. Die Mehlmischung und das Olivenöl vorsichtig unterrühren. Muffinbleche mit Rapsöl einfetten. Die Masse auf die Muffinmulden verteilen, mit restlichem Käse bestreuen und ca. 20–25 Minuten backen.

hi.

# Heidelbeer-Scones

***für etwa 8 Stücke***

**Zubereitungszeit: 15 Min., Backzeit: 20 Min.**

120 ml Mandelmilch (oder jede andere Art von Milch)
30 g Birkenzucker
Zesten von 1 Bio-Zitrone
2 TL Vanillemark
2 Eier (Größe M)
480 g Mehl
15 g Backpulver
1 Prise Salz
45 g Butter (kalt, in kleine Stücke geschnitten)
Heidelbeeren, nach Geschmack

*Lauwarm schmecken die Scones besonders gut.*

Ofen auf 180 °C Ober-Unterhitze vorheizen. Die Milch, den Birkenzucker, die Zesten, das Vanillemark und die Eier verrühren. Dann das Mehl, das Backpulver und das Salz in einer Schüssel verrühren und mit den Butterstücken schnell abbröseln. Einfacher geht's mit der Küchenmaschine. Dann die Ei-Milch-Mischung dazugeben und rasch zu einem groben Teig verarbeiten. In der Küchenmaschine reichen dazu 2–3 Impulse, das Um und Auf ist, nicht zu lange zu kneten. Der Teig soll „bröselig" und grob bleiben. Die Heidelbeeren vorsichtig einarbeiten. Den Teig zu einer runden, flachen Form drücken – mit etwa 24 cm Durchmesser. In gleich große Tortenstücke schneiden. Etwa 20 Minuten goldbraun backen.

# Knäckebrot

***für 1 Blech***

**Zubereitungszeit: 5 Min., Backzeit: 15 Min.**

40 g Weizenvollkornmehl
40 g Hafermark
20 g Sesam
½ TL Salz
15 g Sonnenblumenöl
100 ml Wasser, lauwarm

**Zum Bestreuen:** nach Belieben Sesam, Kümmel, Mohn o. Ä.

Alle Zutaten verrühren und zugedeckt etwa eine Stunde quellen lassen. Inzwischen das Backrohr auf 160 °C Umluft vorheizen. Den Teig ca. 1,5 mm dünn und gleichmäßig auf eine Backmatte streichen und mit Körnern bestreuen. Nach etwa 10 Minuten Backzeit kann man bspw. mit einem Pizzaroller die Knäckebrotscheiben in die gewünschten Größen bringen. Keine Sorge, das sieht anfangs sinnlos aus, aber nach dem Trocknen, werden die „Sollbruchstellen" sichtbar sein. Etwa 30 Minuten backen, bis alles wirklich trocken ist.

*Die Knäckebrote im ausgeschalteten Rohr noch nachtrocknen lassen – so kann man sie luftdicht gut aufbewahren.*

# Kraftkekse

*für etwa 16 Stück*

**Zubereitungszeit: 5 Min., Backzeit: 15 Min.**

2 sehr reife Bananen
120 g Haferflocken, fein
2 EL Erdnussbutter (siehe Seite 31)

Ofen auf 170 °C Ober-Unterhitze vorheizen. Die Bananen mit den Haferflocken und der Erdnussbutter vermengen und in kleinen Kreisen auf einem Backblech drapieren. Etwa 15 Minuten goldbraun backen.

*Mit einem Klecks Chia-Marmelade oder Fruchtmus mag Junika die Kekse besonders gerne.*

# Fladenbrote aus der Pfanne

**Zubereitungszeit: 5 Min., Wartezeit: 10 Min., Bratzeit: 2–3 Min.**

5 g Weizenmehl
75 g Vollkornmehl
1 EL Öl
100 ml Mandelmilch (optional jede andere Milchsorte)
Butter zum Bestreichen
Öl zum Braten

Mehl, Öl und Milch zu einem Teig kneten, 10 Minuten rasten lassen und ausrollen. Danach mit flüssiger Butter bestreichen. Zu einer Schlange zusammenrollen und in Stücke schneiden. Von oben flachdrücken. In einer geölten Pfanne etwa 2–3 Minuten goldbraun braten.

*Die Fladen eignen sich auch für ein kleines Picknick als Beilage zu Fleischlaibchen o. ä.*

# Linsenaufstrich

**Zubereitungszeit: 15 Min.**

50 g Linsen
20 g Sonnenblumenkerne
1 Apfel
50 g Topfen
Knoblauch zum Würzen

Die Linsen gar kochen, den Apfel schälen und in Stücke schneiden. Alle Zutaten mischen und gut durchpürieren. Mit Knoblauch abschmecken.

# Oliven-Dip

**Zubereitungszeit: 5 Min.**

10 Stück grüne Oliven (auf Salzgehalt achten)
½ Bund Petersilie
50 g Walnüsse
etwas frisch geriebener Ingwer
bei Bedarf etwas Öl

Kerne aus Oliven entfernen. Alle Zutaten zu einem cremigen Dip pürieren, bei Bedarf etwas Öl zugeben.

# Dinkel-Kokosaufstrich

**Zubereitungszeit: 10 Min.**

200 g Dinkelflocken
150 ml Mandelmilch
100 ml Kokosmilch
½ TL Ingwerpulver
1 Msp. Ceylon-Zimt
1 Msp. Muskatnuss
1 TL geschälter Sesam
1 TL Kokosflocken

Die Dinkelflocken in der warmen Mandelmilch einige Minuten weich werden lassen. Zusammen mit allen Zutaten außer dem Sesam in einer Küchenmaschine oder mit dem Pürierstab pürieren. Sesam unterheben und mit Kokosflocken bestreuen.

# Grüner Aufstrich

**Zubereitungszeit: 5 Min.**

3 Mini-Gurken
1 Knoblauchzehe
2 reife Avocados
Saft einer Limette
2 Handvoll Basilikumblätter
1 Bund Schnittlauch
1 Kressebeet
2 EL Distelöl
1 EL Vollkornbrösel
1 Prise Salz

Minigurken schälen, der Länge nach aufschneiden und die Kerne mit einem Löffel herauskratzen. In kleine Stücke schneiden und in die Küchenmaschine geben. Knoblauch schälen und gemeinsam mit den gesäuberten und grob gehackten Kräutern und der abgeschnittenen Kresse in die Küchenmaschine. Öl zugeben und mit der Pulsar-Taste (oder einem Pürierstab) erst grob, dann etwa 1 Minute auf höchster Stufe sehr fein mixen. Währenddessen das Fleisch der Avocados in eine kleine Schüssel geben und mit dem Saft der Limette beträufeln. Diese Mischung kommt nun gemeinsam mit den Vollkornbröseln und der Prise Salz zur Masse in die Küchenmaschine und wird noch einmal kurz durchgemixt.
Der Aufstrich kann gut verschlossen 1 Tag im Kühlschrank aufbewahrt werden!

# Grüne Fleischbällchen aus dem Ofen

***für 12 Portionen***

**Zubereitungszeit: 10 Min., Backzeit: 30 Min.**

½ kg Rindsfaschiertes
1 Ei
1 altbackene Semmel, klein gewürfelt
400 g Mangold, gehackt
1 Frühlingszwiebel, fein geschnitten
1 Prise Salz
Pfeffer, nach Geschmack

Ofen auf 180 °C Ober-Unterhitze vorheizen. Alles zu einer Masse mischen und zu 12 gleich großen Bällchen formen. Mit dem Öl beträufeln, auf ein mit Backpapier ausgelegtes Backblech legen und 30 Minuten goldbraun backen. Nach 15 Minuten einmal wenden.

*Die Bällchen lassen sich auch super für ein Picknick verwenden.*

# Haselnusscreme-Schnecken

## *für 1 Blech*

**Zubereitungszeit: 15 Min., Wartezeiten: ca. 90 Min., Backzeit: 20 Min.**

250 g Bio-Weizenmehl
1 Prise Salz
10 g frische Germ
½ TL Kokosblütenzucker
⅛ l lauwarme Milch
25 g Butter
zerlassene Butter zum Bestreichen
Haselnusscreme (siehe Seite 30)
Rosinen (optional)

Das Mehl mit dem Salz in eine Schüssel sieben und eine Mulde hineindrücken. Germ mit Zucker in 2 EL lauwarmer Milch auflösen und in die Mulde gießen. Zugedeckt an einem warmen Ort gehen lassen, bis an der Oberfläche Bläschen entstehen. Die Butter in der restlichen warmen Milch auflösen, nach Bedarf in die Mulde gießen und alles zu einem glatten, weichen Teig verarbeiten.
Den Teig zu einer Kugel formen und zugedeckt an einem warmen Ort 45–60 Minuten gehen lassen.
Den Teig auf einer bemehlten Arbeitsfläche zu einem Rechteck ausrollen, mit Haselnusscreme bestreichen, optional Rosinen verteilen und den Teig einrollen. Davon 2 cm breite Stücke abschneiden und auf ein mit Backpapier belegtes Backblech legen. Mit zerlassener Butter leicht bestreichen und zugedeckt nochmal für 20 Minuten gehen lassen.
Danach im vorgewärmten Backrohr bei 180 °C Umluft für ca. 20–25 Minuten backen.

# Apfel-Karotten-Muffins

***für ca. 8 Stück***

**Zubereitungszeit: 10 Min., Backzeit: 15–20 Min.**

100 ml Buttermilch
130 g Äpfel
70 g Karotten
100 g Vollkorn-Dinkelmehl
40 g Rosinen
20 g Walnüsse gemahlen
1 TL Zimt
1 TL Backpulver

Äpfel und Karotten fein raspeln und mit Buttermilch, Nüssen, Rosinen und Zimt vermischen. Das Mehl mit Backpulver verrühren und unter die Apfel-Karotten-Masse heben. Auf etwa 8 ausgefettete Muffinformen verteilen und im vorgeheizten Backrohr bei 180 °C Ober-Unterhitze etwa 15–20 Minuten backen lassen. Stäbchenprobe machen, ob die Muffins fertig sind. Nach dem Auskühlen genießen!

*Die Walnüsse können auch durch andere geriebene Nüsse ersetzt werden.*

# Ein leerer Bauch verreist nicht gern

Wir verreisen gerne. Ob mit dem Auto, dem Zug oder dem Flugzeug. Neue Orte zu entdecken und abseits des Alltags zu entspannen, macht einfach Spaß. Wer aber mit Kleinkindern eine Reise antritt, braucht passenden Proviant und einen groben Plan, wie und womit man die Kleinen auf Reisen kulinarisch wertvoll bei Laune hält.

Ein Ausflug mit dem Auto ins Grüne wird erprobte Eltern vor keine allzu große Herausforderung stellen. Ein heimischer Apfel direkt vom Baum genascht oder ein Zwischenstopp in einem Wirtshaus: alles kein Problem. Zumal wir zu Nahrungsmitteln, die wir kennen, größeres Vertrauen haben als zu unbekannten. Auf Fernreisen wird es schon etwas komplizierter. Wir Erwachsene beschreiten im Ausland kulinarisch gerne neue Wege, aber können wir das auch unseren Kindern zumuten? Und wenn ja, in welchem Ausmaß?

Unsere Erfahrung ist, dass der kulinarische Forschungs- und Entdeckungsdrang unserer Kleinen auf Reisen ungebrochen ist, und das wollen wir auch fördern. Wesentlich ist einzig und alleine, dem Prinzip der kindergerechten Ernährung treu zu bleiben. Wir würden unseren Mädchen vielleicht kein scharfes Chili in Mexico anbieten, wohl aber gedünsteten Fisch in Thailand. Ob die Kinder diese Gerichte auch annehmen, steht natürlich auf einem anderen Blatt Papier. Wir haben aber die Erfahrung gemacht, dass unsere Kinder neuen Geschmäcken gegenüber oft verblüffend offen sind, gerade im Urlaub. Und im Notfall behelfen wir uns einfach mit frischem Obst, Pasta oder auch mal Fleisch – alles Produkte, die man normalerweise in guter Qualität fast überall kaufen kann. Es lohnt sich jedenfalls, im Internet vorab die Route oder das gewünschte Ziel zu erkunden. Da kann man schon im Vorfeld heimische Märkte, Läden und Restaurants auskundschaften.

Geht es an den Reiseproviant, packen wir am liebsten Obst, Dinkelstangen, Muffins oder frische Sandwiches in unser Lunchpaket. Weil sie sich gut verpacken lassen und nicht zu viel Platz in unseren Taschen benötigen. Immerhin fühlt sich jede Reise mit Kleinkind ohnehin schon wie ein klitzekleiner Umzug an …

# Besonders feiern

# Thymian-Pfirsiche mit Vanille-Mascarpone und Brioche

***für 4 Portionen***

**Zubereitungszeit: 10 Min., Backzeit: 20 Min.**

4 Pfirsiche, halbiert
4 Rispen frischer Thymian
ein paar Tropfen Reissirup zum Garnieren
100 g Mascarpone, Raumtemperatur
Mark einer Vanilleschote
1 TL Reissirup (optional)
4 Stück Brioche oder Kipferl

Den Ofen auf 180 °C Ober-Unterhitze vorheizen. Die Pfirsichhälften auf ein mit Backpapier belegtes Backblech legen. Thymian darüber legen. Etwa 20 Minuten backen, bis sie schön weich sind, aber noch nicht zerfallen. Für die Creme den Mascarpone mit der Vanille und dem Reissirup vermischen. Die Brioche in Scheiben schneiden und in einer Grillpfanne oder im Toaster rösten. Mit der Mascarpone-Creme bestreichen – zum Schluss die Pfirsiche darauf legen und nach Geschmack mit etwas frischem Thymian und ein paar Tropfen Reissirup beträufeln.

*Das Kipferl oder die Brioche muss dafür nicht frisch sein –*

*eine gute Gelegenheit, altbackenes Brot lecker zu verarbeiten.*

# Grießkuchen mit Mascarpone und Erdbeeren

**Zubereitungszeit: 15 Min., Backzeit: 30-40 Min.**

1 Bio-Orange
1 Bio-Zitrone
180 g weiche Butter
90 g Birkenstaubzucker
½ TL Zimt
2 Eier
130 g Dinkelkuchenmehl
85 g Dinkelvollkorngrieß
40 g Mandeln gemahlen
180 ml Buttermilch
1 ½ TL Backpulver
150 g Mascarpone
250 g Erdbeeren

Backrohr auf 160 °C Umluft vorheizen. Orange und Zitrone heiß waschen, trocknen und Schale fein abreiben. Butter, Birkenstaubzucker, Zimt sowie Orangen- und Zitronenschalen mit dem Mixer mehrere Minuten schaumig schlagen. Eier unterrühren. Mehl, Grieß, Backpulver und Mandeln vermischen. Zur Buttermasse geben und mit Buttermilch unterrühren.
Springform (21 cm Durchmesser) mit Butter großzügig einfetten, Teig einfüllen, Oberfläche glatt streichen und auf mittlerer Schiene 30–40 Minuten (Stäbchenprobe machen) goldbraun backen.
Auskühlen lassen und aus der Form nehmen. Auf Kuchenteller geben und dick mit Mascarpone bestreichen. Die Erdbeeren waschen, würfeln und auf der Mascarponeschicht verteilen.

*Dieser Kuchen schmeckt großen wie kleinen Gästen und sieht dabei noch toll aus!*

# Apfel-Topfencreme zum Löffeln

***für 2 Weckgläser à 125 ml***

**Zubereitungszeit: 15 Min.**

3 EL Granola (siehe Seite 98) oder
3 EL Haferflocken und 3 EL geriebene Mandeln
3 süße Äpfel (optional 1 süßer Apfel und etwa 50 g ungesüßtes Apfelmus)
1 TL Kokosöl
125 g Topfen
1 EL Mascarpone (oder Sauerrahm)
frisches Mark einer Vanilleschote

2 Äpfel schälen, entkernen, mit ein wenig Wasser weich dünsten und pürieren. Apfelmus beiseitestellen und auskühlen lassen oder etwa 50 g Apfelmus aus dem Glas nehmen. Die Haferflocken und Mandeln in einer Pfanne leicht anrösten und auf einem Teller etwas auskühlen lassen oder Junikas Granola verwenden.
Den restlichen Apfel schälen, entkernen, in sehr feine Würfel schneiden und mit dem Kokosöl etwas anbraten. Topfen, Mascarpone und Vanille glattrühren. Mit dem Apfelmus vermengen.
In passenden Gläsern oder Schüsselchen Topfencreme, Apfelwürfel und Granola aufschichten, wobei das Granola den Schluss bildet.

*Für ein Picknick eignen sich kleine Marmelade- oder Weckgläser.*

# Mango-Vanille-Tarte

***35 cm x 11 cm***

**Zubereitungszeit: 20 Min., Wartezeiten: 30 Min., Backzeit: 10–12 Min.**

**Für den Boden:**
120 g Mehl
40 g Kokosblütenzucker
125 g Butter, kalt in Stücke geschnitten
1 EL eiskaltes Wasser (optional)

**Für die Vanillecreme:**
500 ml Mandelmilch (oder eine andere Milchsorte)
2 Vanilleschoten mit Mark
1–2 TL Reissirup
40 g Maisstärke

**Für Dekor:**
2 reife Mangos

Die Zutaten für den Boden rasch zu einem Mürbteig verarbeiten, falls notwendig 1 EL eiskaltes Wasser dazugeben, in Klarsichtfolie wickeln und für etwa 30 Minuten kalt stellen. Den Ofen auf 220 °C vorheizen. Den Teig ausrollen und in eine längliche Tarteform legen, mit der Gabel einstechen. Etwa 10–12 Minuten backen und etwas überkühlen lassen. Inzwischen 2–3 EL von der Milch mit der Maisstärke glatt rühren. Das Mark der Vanilleschoten auskratzen und mit der restlichen Milch und dem Reissirup aufkochen. Die Maisstärkemischung unterrühren und so lange rühren, bis die Masse eindickt. Die Creme in die Tarteform füllen. Die Mangos schälen und in Scheiben schneiden, alles auf der Tarte drapieren.

*Die Tarte lässt sich gut vorbereiten und schmeckt auch am nächsten Tag lecker!*

# Basilikum-Gurken-Erdbeersalat mit Granola

*für 4 Erwachsene*

**Zubereitungszeit: 10 Min., Wartezeiten: 60 Min.**

**Für den Salat:**
250 g reife Erdbeeren
1 Feldgurke
Saft einer ½ Limette
1 TL Birkenzucker (optional, falls die Erdbeeren nicht süß genug sind)
ein paar schöne Basilikumblätter

**Für das Granola:**
1 Handvoll feinblättrige Haferflocken
1 TL Kokosöl
½ TL Kokosblütenzucker
etwas Zimt (optional)

Erdbeeren und Gurke klein würfeln und mit dem Limettensaft beträufeln, optional mit Birkenzucker bestreuen. Basilikumblätter klein schneiden und dazugeben. Für 1 Stunde im Kühlschrank kalt stellen.
Für das Granola inzwischen eine Pfanne heiß werden lassen und das Kokosöl darin zerlassen. Die Haferflocken zugeben und kurz rösten. Mit dem Kokosblütenzucker bestreuen und karamellisieren. Optional zuletzt noch mit Zimt würzen. Auf ein Backpapier gießen und auskühlen lassen. Den Salat frisch vor dem Servieren mit dem Granola bestreuen.

*Das Granola hält sich luftdicht verschlossen etwa eine Woche*
*und kann auch über Joghurt oder Ähnliches gestreut werden.*

# Glücklichmacher-Riegel

***für 1 kleines Blech***

**Zubereitungszeit: 10 Min., Wartezeit: 5 Min., Backzeit: 15 Min.**

225 g Hafermark (oder feinst gemahlene Haferflocken)
1 TL Backpulver
¼ TL Natron
1 Prise Salz
30 ml Reissirup
80 ml ungesüßtes Apfelmus
120 ml Kokosöl
120 g Nüsse, fein gehackt
120 g Kokosraspeln
1 kleine Handvoll 80%ige Schokolade, in kleine Stücke gehackt

Den Ofen auf 180 °C vorheizen. Die trockenen Zutaten miteinander vermengen. Das Kokosöl, den Reissirup, die Nüsse und das Apfelmus ebenso vermengen. Die beiden Mischungen zusammengeben und etwas rühren. Zum Schluss die Schokolade zufügen, nochmal rühren und etwa 5 Minuten rasten lassen. Auf das Backblech aufstreichen oder kleine Kugeln formen und flach drücken. Für mindestens 15 Minuten backen. Wenn man die Backzeit etwas verlängert, werden sie knuspriger, sonst bleiben sie sehr soft. Junika liebt die softe Variante, weil da der Geschmack intensiver bleibt.

*Der rohe Teig lässt sich portionsweise einfrieren.*
*Einfach gefroren auf das Backblech legen –*
*die Backzeit verlängert sich allerdings um ein paar Minuten.*

# Brausepulver

**Zubereitungszeit: 5 Min.**

2 TL Zitronensäurepulver (oft in der Backabteilung des Supermarktes zu finden)
1 TL Natron
1 TL Birkenzucker
Bio-Lebensmittelfarbe (Pulver) nach Belieben

Alles miteinander vermengen und in kleine lebensmittelechte Cellophansackerl füllen. Mit hübschen Stickern verkleben und bei Bedarf einfach in einem Glas Wasser auflösen.

*Eignet sich toll als Hingucker für Partys!*

# Limonade

## *für 1 Kanne*

**Zubereitungszeit: 5 Min.**

1 Kanne kaltes Wasser
frischer Rosmarin
ein paar Erdbeeren

Den Rosmarin und die Erdbeeren etwa 1 Stunde vor dem Servieren in die Wasserkanne geben. Im Kühlschrank ziehen lassen.

*Schmeckt auch hervorragend in anderen Kombinationen wie Basilikum-Limette oder Melone-Zitrone. Nur der persönliche Geschmack setzt hier Grenzen.*

# Kokos-Fruchtspieße mit Limettenjoghurt

**Zubereitungszeit: 5 Min.**

2 Holzspieße
3 EL Kokosraspeln
100 g Joghurt
Saft einer ½ Limette
1 Kiwi
½ Mango
etwas Zuckermelone
8–10 rote Trauben

Die Kokosraspeln in einer Pfanne leicht goldig rösten und auf einem flachen Teller auskühlen lassen. Joghurt mit Limettensaft vermischen. Die Früchte in ca. 2–3 cm große Stücke schneiden, die Trauben ganz lassen. Dann die Fruchtwürfel und Trauben abwechselnd auf den Spieß stecken und in den Kokosraspeln wälzen.

*Junika liebt das Eintunken. Ohne Dip eignen sich die Spieße auch für unterwegs!*

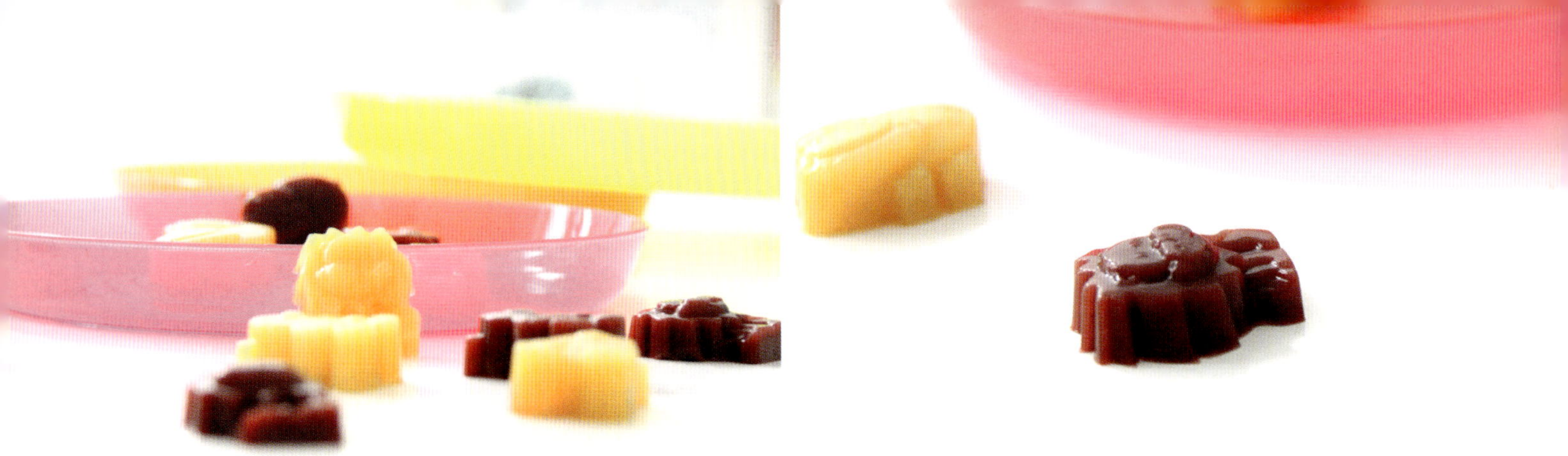

# Gummitierchen

**Zubereitungszeit: 5 Min., Kühlzeit: 4 Stunden**

125 ml Fruchtsaft
1 gestrichener TL Bio-Agaranta

Agaranta in der Hälfte des Fruchtsafts glatt rühren. Mit dem Rest des Fruchtsafts vermischen, aufkochen lassen und in mit kaltem Wasser ausgespülte Silikonformen gießen. Im Kühlschrank einige Stunden fest werden lassen; dort auch aufbewahren.

*Die Gummitierchen sind ein toller Partyhit!*

# Fruchtröllchen

***für 1 Backblech***

**Zubereitungszeit: 10 Min., Backzeit: 3–4 Std.**

frische Früchte (bspw. 3 Mangos)

Die Mangos schälen und pürieren. Das Püree etwa 3 mm dick auf eine Backmatte streichen und bei etwa 80 °C Ober-Unterhitze 3–4 Stunden trocknen lassen. Abziehen und in Streifen schneiden und rollen. Luftdicht verschlossen halten die Röllchen etwa eine Woche.

*Mit verschiedenen Früchten (und Farben) sind die Rollen ein Hit für jede Party.*

# Keine Schokolade für mein (armes) Kind?

In unserer Gesellschaft dienen Naschereien wie Schokolade oder Zuckerln als Belohnung. So haben wir das gelernt und so handhaben es auch viele von uns.

Mit unseren Kindern haben wir uns für einen anderen Weg entschieden und verzichten weitestgehend auf industriellen Zucker und auf industriell hergestellte Kuchen und Süßigkeiten. Das bedeutet vor allem, dass wir unsere Mädchen nicht mit Süßigkeiten belohnen. Bei uns steht der Genuss im Vordergrund, der nicht mit Ver- oder Geboten aufgeladen wird. Und wir wollen das Genießen bewusster machen und nicht zuletzt auch gesünder. Unsere Kinder freuen sich heute noch wie verrückt über eine getrocknete Feige oder eine reife Marille. Warum also sollten wir ihnen stattdessen ein Stück Schokolade geben?

Wir haben die Erfahrung gemacht, dass sich gerade ältere Verwandte in unserem Umfeld mit dieser Einstellung schwertun. Diese Erfahrung scheinen viele gleichgesinnte Eltern zu teilen. Immer wieder werden auf unserem Blog junika.at oder auch in Facebookgruppen dieselben Fragen gestellt: „Wie geht ihr mit Naschereien um?“, „Wie reagiert euer Umfeld auf das (vermeintliche) Naschverbot?“ und Ähnliches.

Wir versuchen zu erklären, warum wir uns für diesen Weg entschieden haben, und bitten um Verständnis und Akzeptanz. Das ist nicht immer leicht und wird auch nicht immer angenommen, aber es ist uns wichtig und wir wollen diesen Weg eben so gehen, wie er uns richtig erscheint. Wichtig ist uns dabei, dass wir niemanden missionieren wollen, weil wir überzeugt sind, dass jeder den für sich passenden Weg finden muss. Und weil wir uns selbst und unsere Kinder sich gerne mal an den süßen Seiten des Lebens erfreuen, gibt es ein tolles Rezept für unsere „Glücklichmacher-Riegel“ auf Seite 101. Diese entfalten ihre Anziehungskraft erst durch die dunklen, samtigen Schokolade-Splitter.

# Glossar

## Verschiedene Bezeichnungen in Österreich und Deutschland

In Österreich und Deutschland, aber auch je nach Region, werden beim Kochen und für Lebensmittel bekanntlich unterschiedliche Bezeichnungen verwendet. Wir selbst verwenden größtenteils österreichische Ausdrücke.
Da wir auch auf unserem Blog junika.at immer wieder nach der Bedeutung bestimmter Bezeichnungen gefragt werden, haben wir hier ein kleines Glossar von einigen der im Buch verwendeten Begriffe zusammengestellt, um euch das Kochen zu erleichtern:

| Österreichisch | Deutsch |
|---|---|
| Eintunken | Eintauchen |
| Germ | Hefe |
| Karfiol | Blumenkohl |
| Karotte | Möhre |
| Kipferl | Hörnchen |
| Knödel | Kloß |
| Lauch | Lauch/Porree |
| Marille | Aprikose |
| Melanzani | Aubergine |
| Orange | Apfelsine |
| Sackerl | Beutel, Tüte |
| Sauerrahm | Saure Sahne |
| Schlagobers | Schlagsahne, süße Sahne |
| Semmel | Brötchen |
| Semmelbrösel | Brösel, Paniermehl |
| Rote Rübe | Rote Bete |
| Topfen | Quark |
| Überkühlen | Abkühlen |
| Weckerl | Wecken, Brötchen |
| Zuckerl | Bonbon |

# Rezeptverzeichnis

## Manuela Christl

Manuela stammt aus der Steiermark, wo sie durch ihren Vater, der Fleischhauer war, schon früh mit den Themen Ernährung bzw. Nahrungsmittel und deren Herkunft in Berührung gekommen ist. Obwohl sie in ihrem erlernten Beruf als Köchin nie tätig war, hat sie die Leidenschaft zum Kochen nie verloren. So kocht sie heute vor allem gerne für Familie und Freunde.

Als Mutter von drei Töchtern (Johanna, Hannah & Juni) ist Ernährung ein wichtiges Thema. Genuss und gesunde Nahrungsmittel zu einem Erlebnis für die ganze Familie zu verbinden, steht dabei stets im Vordergrund.

Manuela studierte Personalmanagement, arbeitet in der Personalentwicklung einer Fluggesellschaft, ist verheiratet und lebt mit ihrer Patchworkfamilie in Wien.

## Eva Kamper-Grachegg

Die gebürtige Steirerin sammelte ihre ersten Back- und Kocherfahrungen bereits in ihrer Kindheit in den Küchen ihrer Mutter und Großmütter. Dort lernte sie auch, dass Kochen weit mehr ist als die Zubereitung von Essen. Genuss und der bewusste Umgang mit Lebensmitteln prägen seitdem ihre Erfahrungswelt und stehen für sie auch heute noch im Mittelpunkt. Die Liebe zum Essen und das Interesse an Fotografie und den schönen Seiten des Lebens brachten Eva 2010 dazu, einen Food-Blog zu starten. Auf www.meiliabstespeis.at teilt sie regelmäßig ihre Rezepte und Erfahrungen mit Koch- und Essbegeisterten.

Eva studierte Marketing & Sales, arbeitet aktuell im Markenmanagement einer österreichischen Universität, ist verheiratet und lebt mit ihrem Mann und Töchterchen Annika in Wien.